Y. 5492.
G r:

Y e   9734

LE BAL
DE SAINT-CLOUD,
POËME
HÉROÏ-TRAGI-COMIQUE,
EN QUATRE CHANTS.
A CLOÉ.

. . . . . . : Quis talia fando
Temperet à lacrymis ?

VIRGILE, Ænéide, Liv. 2ᵉ

A AMSTERDAM,

M. DCC. LXVII.

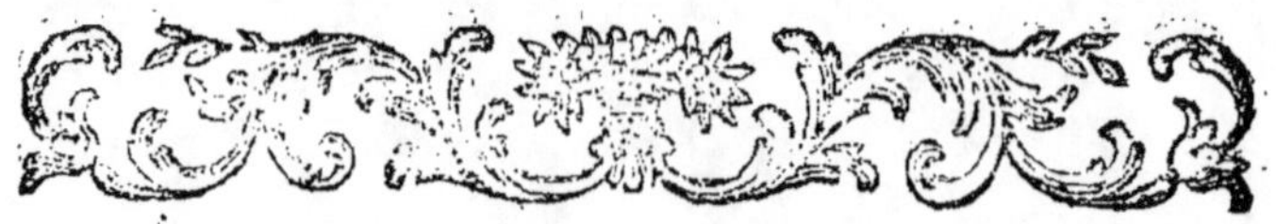

LE BAL
DE SAINT-CLOUD,

POËME HÉROÏ-TRAGI-COMIQUE,

EN QUATRE CHANTS.
A CLOÉ.

CHANT PREMIER.

INSTRUMENS du Dieu Mars, organes de la
guerre,
Dont les bruïans accords épouvantent la Terre;
De vos funèbres sons, de vos affreux concerts,
Loin de ces bords rians allez frapper les airs:
Et vous, pipeaux, mufette, enfans de l'harmonie,
Adouciffez mes chants par votre mélodie,

A ij

De vos tendres accords remplissez ce séjour,

Quand je chante les Jeux, les Plaisirs & l'Amour.

O Muses ! célébrons ce Palais de verdure

Aux lambris décorés des mains de la Nature,

Aux pilastres de fleurs, aux parquêts de gazon;

Mon Luth, chantons Saint-Cloud & son brillant

Salon !

Chantons aussi *Cloé*, chantons celle que j'aime;

Puisse-t elle sourire aux vers de ce Poëme !

Zéphir rafraîchit l'air; de son char radieux,

Phébus ne lance plus que quelques traits de feux;

C'est l'heure des plaisirs ; les Nymphes de la

Seine

Sortent du sein des eaux pour attendre leur Reine.

Viens donc, *Cloé*, viens donc recevoir leurs tri-

buts !

Un char s'offre à mes yeux... C'est celui de Vénus;

Ah! je la reconnois à sa Cour éclatante...

Mais, non... c'eft ma *Cloé* dans fa conque brillante.

Monté fuperbement, le cafque & le rabat

Caracole autour d'elle, & fe pouffe & fe bat ;

Des Amours par centaine, en cafaque de Page,

Voltigent à côté de fon lefte équipage.

Une rixe s'éleve à qui lui parlera ,

A qui prendra fa main... à qui la baifera.

Cependant qui la voit & s'étonne & foupire ;

Chacun devient fujet de fon aimable empire,

L'un & l'autre hémifphère obéit à fa loi ,

Chacun la voit, hélas ! des mêmes yeux que moi.

Mais... Qui vient à fa fuite en brillante voiture ?

Quel eft cet hyftrion chamarré de dorure ?

Le fils d'un Publicain, affectant un grand air ,

Dans un folo brillant paffe comme un éclair ;

Son Cocher impudent, ainfi qu'il convient d'être

Pour avoir un grand ton quand on fert un grand
Maître ,   A iij

Sur le Poëte à pied & fur d'honnêtes gens

Fait voler fes courfiers par fimple paffe-tems.

Des Plaideufes de Vire (*a*) une foule importune

Vient fe montrer auffi dans fa demi fortune.

O Ciel! ô quel éclat! quels airs impérieux

Saififfent mes efprits en étonnant mes yeux !

Non, jamais on ne vit briller tant de richeffes ;

Cet amas de rubis m'annonce des Princeffes...

Je ne me trompai pas, car c'en étoit auffi :

Et d'où, me diras-tu, Lecteur ? ... Ah ! le voici :

Du Temple de *Rameau*, du tripot amphibie

Où gémit Apollon, où grimace Thalie ;

De chez la *Montigni* ; de cet Hôtel enfin

De Melpomène en pleurs, Senat républicain.

Bon, bon, difoit *Lyfis*, voyant cet étalage,

Il eft de la folie à vouloir être fage :

Le fexe qui joüit eft placé près des Dieux ;

Il rampe dédaigné quand il eft vertueux :

Bravons tous préjugés, l'aliment du Vulgaire ;

Qu'il eft doux de regner quand on a de quoi plaire!

Lyfis a-t-elle tort? ... Sois-en juge, Lecteur :

Pour moi je ne veux point m'ériger en cenfeur :

Vers Saint-Cloud cependant on accourt, on

s'empreffe ;

La Coquette Bourgeoife accroche la Duchefse :

L'épaiffe Financiere, époufe de Plutus,

Tranche de la Marquife, & ne fe connoît plus!

Dans le trifte remife un Robin en épée,

Conduit modeftement *Dorine* la poupée.

Vous voici donc enfin, *David, Verneuil,*

Cartout,

Et tant d'autres laidrons que l'on trouve partout?

Dans fon coche couvert & de fang & de larmes,

De la noire Atropos portant les fombres armes,

Un bâtard d'Efculape, aux longs cheveux flottans,

Dans les défunts difcrets infulte les vivans.

Le Noble suranné dans sa lourde berline,
Va promener au Bal sa figure chagrine ;
Deux chevaux sans allure, éflanqués & boiteux,
Traînent, en chancelant, cet homme vertueux;
Tandis que *Dorimon*, engraissé de fourage,
Fait voler six coursiers sur son leste équipage.

Ah ! vous lui succédez, vous mortels en horreur,
Dont les regards au peuple annoncent le malheur:
Défilez, *Harpagons*, qui sans crainte & sans honte
Appauvrissez l'Etat par l'usuraire escompte,
Et qui n'ayant de Dieu que l'or & l'intérêt,
Toujours à vos profits expliquez un Arrêt.

Mais qu'importe, après tout, que l'avide finance
Sur la Ville & la Cour exerce sa vengeance ?
Quelqu'un, grace aux Traitans, va-t-il à l'Hôpital?
» Eh bien ! disoit *Naïs*, ce n'est pas un grand mal ;
» Pour cent sots mis à pied, mainte Beauté divine,
» Par l'or des *Turcarets* se pavanne en berline.

» Aimer un Financier, ah ! c'eſt avoir raiſon ;

» Rentes, meubles, bijoux, tout vous vient à

    foiſon :

» Le cœur d'un tel amant eſt un puits de richeſſe ;

» Pour de tels Adonis on a quelque foibleſſe.

» Vous ſavez bien pourtant, mignons petits Colets,

» Gentillâtres Gaſcons, & vous, bruïans Plumets,

» Que ce n'eſt pas pour eux qu'Amour brûle notre

    ame ;

» Ils en ont la fumée, & vous avez la flâme.

    Vive, vive *Panglos*, quand d'un ton ſérieux

Il diſoit ſagement que tout eſt pour le mieux !

De ces réflexions évitons le dédale,

Et laiſſons aux pédans l'aſſommante morale.

Revenons maintenant à nos jeunes Marquis,

Et ſuivons la *Dorfeuil* dans ſon beau vis à-vis.

    Ami Lecteur , vois-tu dans cette diligence

Cet homme noir, bouffi de ſa lourde opulence ?

Ce vautour des humains, ce hydeux Procureur,
Se targuer de ſes vols & de ſon deshonneur.

Tel on vit Alexandre entrer dans Babylone,
Des tréſors de cent Rois enrichiſſant ſon trone;
De même *Brigandos*, enflé de ſon butin,
Se pare avec orgueil des biens de l'orphelin.

Que de Nymphes à pieds, en fiacres, en remiſe!
Caſtor, au défaut d'autre, endoſſe robe griſe:
Vois *Lanci* minauder dans ſon juſte à carreaux,
Qui du Fripier encor porte les numéros:
Hélas! quel eſt leur ſort? ... Juſte Ciel, je te prie
D'envoyer dansleurs rêts quelque dupe enrichie;
Car moi j'aurai toujours pour principe certain
Que l'on doit ſouhaiter le bien de ſon prochain.

Où court donc, comme un fou, dans un ſuperbe
    diable,
Ce muſqué Sénateur à figure agréable,
Qui, Lycurgue au Palais; à Saint-Cloud, Phaëton,

D'un fiacre impertinent prend le geste & le ton ?

Que vois-je ? ... le Robin tremblant dans sa voi-

ture ,

D'Hyppolite écrasé rappelle l'aventure ;

Six fougueux (*b*) *Cadogans*, indociles au mords ,

Traînent au loin leur guide & bravent ses efforts;

Le Peuple épouvanté , pâlit, se sauve , crie ;

Sa frayeur , des coursiers redouble la furie;

Rien ne peut résister à leurs efforts nouveaux ;

Le diable contre diable est mis en cent morceaux :

L'Egide du Palais , submergé dans les boues,

Echevelé, sanglant , est broyé sous les roues.

Mais pendant que l'un chante & que l'autre

gémit ,

Que Thémis en soupire , & que Momus en rit ,

Que des Auteurs sans nombre, en épée, en calote

Prennent à peu de frais la triste Galiote ,

Allons avec *Cloé* sous ce charmant berceau ,

Où fredonne déja le tendre chalumeau.

Cloé se montre au Bal, cent Beautés en gémis-

sent,

Lannois, *Dortmont*, *Claris* de colere en fré-

missent ;

Tous ces minois divins n'ont plus d'adorateurs,

Et l'on voit vers *Cloé* s'élancer tous les cœurs.

CHANT SECOND.

QUE commencer un Chant est une grande
    affaire,

Non point pour le Cenfeur critique atrabilaire ;

Mais pour un pauvre Auteur qui frotte fon cer-
    veau,

Condamné dans fes vers à donner du nouveau !

    Qu'importe que la mer en naufrages abonde ?

Voit - on moins le Nocher voguer au bout du
    Monde ?

Imitons fon audace, & chantons, bien ou mal,

Ma divine *Cloé* quand elle ouvre le Bal.

    Déjà trois violons, un tambourin, deux baffes

Célebrent dans *Cloé* la Princeffe des Graces ;

D'un ton nécromantique écorchent d'*Exaudet* (c)

Et les fçavans accords, & le beau menuet.

Quelle précifion! quelle délicateffe!

Ah! *Cloé*, dans tes pas qu'il regne de juſteffe!

Les Silvains amoureux accourant de leurs bois,

Pour applaudir *Cloé* frappent tous à la fois;

Du choc de tant de mains la forêt raifonnante,

Eveille brufquement la jaloufe *Atalante*;

Elle accourt de l'Olympe, & trouve que *Cloé*

Excelloit dans cet Art fi touchant fous *Dupré* (*d*):

Atalante aux abois, en devint furieufe;

Mais lorfqu'appercevant dans fa Rivale heureufe

Tant de feu, tant d'attraits, tant de vivacité,

Elle cede le prix de la légereté,

Sur le front de *Cloé* dépofe fa couronne;

Et la couvrant de fleurs, la place fur le trône.

En vain vous foupirez, robufte d'*Obigny*,

Voluptueufe *Atis*, délicate *Fanni*;

En vain deux cent Beautés, à la gorge d'albâtre,

Aux yeux fripons & noirs que chacun idolâtre,

À la bouche de rose, à la peau de satin,

Au port majestueux, au corsage divin,

De l'aimable *Cloé* veulent suivre la trace :

Cloé danse, sourit, & *Cloé* les efface ;

Sa beauté les éclipse, ainsi qu'un diamant

Monté par l'*Empereur* éclipse un faux brillant ;

Ou de même qu'on voit dans les jardins de Flore

Un œillet flamboyant des rubis de l'aurore

Et briller & regner sur les diverses fleurs

Dont il ternit l'éclat par ses vives couleurs.

Ah! je t'entends, Lecteur, j'entends ta juste plainte ;

Quoi ! me dis-tu, toujours parler de ton *Aminte* !

Fais-nous grace une fois... O vous, Amans heureux!

Vous que le tendre Amour embrâse de ses feux !

Peut-on assez parler de celle qu'on adore ?

On en parle toujours pour en parler encore.

Mais pendant que *Cloé*, de son pied tout mignon

Dessine lestement bourrée ou rigodon,

Il faut voir ce Salon , vivante galerie ,
Ce théâtre où chacun joue une comédie.

Ici la vieille *Oton* , à la bouche sans dents ,
Au visage enflammé , vient se pourvoir d'amans.

Dans ce coin , *Rosalie* , au ventre de baleine ,
Engloutissant tout l'or du Tibre & de la Seine ,
Pour soutenir son train , ses airs & sa maison ,
Faisoit contribuer jusqu'au pauvre Gascon.

Plus loin l'ardent *Medor* , amoureux d'Isabelle ,
Avoit déjà vendu Terre & Château pour elle ;
Et la fidelle amante , en dépit du jaloux ,
A vingt amans nouveaux donnoit des rendez-vous.

Dans cet autre recoin , *Doris* la complaisante
Passoit un bail d'amour , & se mettoit en vente.

Ah ! voyons ce minois si maigre & si plâtré ,
Ce squelette ambulant , ce phantôme doré :
Chacun vous reconnoît à votre cour savante
Ainsi qu'à votre morgue , *Osirisse* opulente ;

Vous

Vous qui par amour-propre & par ton de gran-
    deur,
Pour apprendre à penser, engraiffez maint Auteur.
    Ici fautoient, danfoient la begueule dévote,
Les Nones de Vénus, la Robe & la Calotte;
Car enfin vous faurez que fous ces verds berceaux,
Ainfi qu'en Paradis, tous les rangs font égaux.
Pour moi je m'applaudis de cet antique ufage;
Je le trouve très-bon, & qui plus eft, très-fage:
    Changeons un peu de cercle... Eh! qui s'offre
    à mes yeux?
Un effain bourdonnant de jeunes demi-Dieux,
De l'affreufe Bellone ayant la fubrevefte,
En mîtres de Pallas, en habit court & lefte;
Pêle & mêle affemblé, compofoit un Sénat;
Sembloit ne s'occuper que d'affaires d'Etat:
L'on eût dit, à lui voir ce grand air de myftère,
Qu'il s'agiffoit au moins d'un Comité de guerre:

B

'Aussi c'en étoit un... non point tel qu'à *Rocroy* ;

Aux lignes de *Dénain*, au camp de *Fontenoy*,

Aux campagnes d'*Yvri*, dans les clos de *Guas-*

tatle,

Aux bords du *Trasymène*, aux plaines de *Phar-*

salle,

En ont tenu jadis ces vieux Reîtres guerriers

Qui dans les Champs de Mars moissonnoient les

lauriers.

Mais, mais... laissons en paix ces vieilles Excel-

lences ;

Tous nos Aiglons guerriers ont bien d'autres

sciences ;

Ils vous diront d'abord combien à l'Opera

Il est d'êtres chantans, dansans *& cætera* ;

Que *Dubois*, pour de l'or, ne fut jamais cruelle :

Ils vous diront comment on assiége une Belle.

La tranchée est ouverte ; en place de mortiers,

Ils traînent des bijoux venant des Uſuriers ;

Leurs étendars chargés d'emblêmes militaires ,

Sortent de l'Arſénal de nos Faiſeurs d'affaires ;

Abbés Périgordins leur ſervent d'Eſpions ;

Bourſe pleine & contrats leur ſervent de canons :

L'Etna mugit pour eux , ils vont lancer la foudre ;

Déja ſur la toilette ils jettent cette poudre

Qui fait le doux objet des vœux de l'Univers ,

Et qui de *Danaé* ſçut diſſoudre les fers.

On pouſſe aux pieds du mur , & l'on plante l'é-
chelle ;

On renverſe , on s'ébat , on prend d'aſſaut la
belle.

J'entends des cris affreux... je vole à la ru-
meur ;

Le *Narciſſe*, en amour , connu faux-monnoyeur ,

S'aviſoit , en plein bal , à la tendre *Julie*

De vouloir débiter quelque galanterie.

B ij

» Monstre, Apôtre du vice, aux crimes endurci,

» De quel front osez-vous vous présenter ici ?

» Dans les volcans impurs où siége l'infamie

» Allez vous enfouir, lui disoit la *Julie* ;

» Et d'un doigt criminel, en ce riant séjour

» Ne venez point faner les roses de l'Amour.

Sur ce, Cythère accourt, on siffle, on crie, on
    hue.

On poursuit le Mignon jetté dans la cohue.

  Qui ne souriroit pas à tant de faits si beaux,

Tant de traits singuliers, tant de joyeux propos ?

Que sur un canevas, puisqu'à l'instant j'y pense,

Tant de fameux exploits soient peints en dili-
    gence ;

Aussi-bien la clarté semble quitter ces lieux ;

L'Astre du jour se cache & nous fait ses adieux.

Revoyons ma Beauté ; mon regard me l'an-
    nonce :

Je l'appelle ; un soupir fait toute sa réponse.

Les ténèbres, *Cloé*, favorisent mes vœux ;

Laisse-moi te voler un baiser amoureux.

O Dieux ! ô quel baiser ! qu'il est doux, qu'il est

    tendre !

Ah ! tu rougis, *Cloé*, puis tu veux me le rendre ;

Hâte-toi ; qu'attends-tu ? satisfais ton desir ;

Arrête... finis donc, ou je meurs de plaisir !

    On parle d'artifice, une voix unanime

Fend l'air ; vive à jamais cet Artiste sublime

Qui d'étoiles de feu seme le Firmament.

Veux-tu bien m'écouter, beau Sexe, un seul

    moment ?

Quand on offre à tes yeux le jeu d'un artifice,

C'est ton jeu que l'on peint par ce trait de malice :

L'artifice a des feux, mais leur fausse lueur

Peint l'éclat passager de ta frivole ardeur :

La fusée, en détours & radieux & sombres,

B iij

Eclate; on croit la voir, elle fuit dans les ombres:

Sexe, d'un faux amour ton cœur étincelant,

Dans la nuit du caprice échappe à ton amant.

A cet original connois-tu la copie?

Connois-tu, trait pour trait, le tableau de ta vie?

Je n'en ferai pas moins ton tendre adorateur;

Nul être n'est parfait... Mais quand, Sexe enchan-

    teur,

Tu souris au Vulcain des plaisirs du *Ténare*,

C'est l'avare qui rit au drame de l'avare.

Je voudrois retenir l'écart de mon pinceau;

C'est en vain, l'eau toujours fuit la pente de l'eau.

    Dans le tems qu'à grands frais, le sieur la *Va-*

    riniere (e)

Esquisse de Pluton le château de lumiere,

Qu'il brûle l'horison, qu'il met l'Olympe en feu,

Ma lyre & mon cerveau, reposons-nous un peu.

CHANT TROISIEME.

TANDIS qu'à ton *Eglé* tu comptes ton

martyre,

O langoureux Amant; ... accordez-vous, ma lyre;

Cessez, cessez, mon luth, ainsi qu'à l'Opera,

Rafraîchissons un peu notre ancien à-mi-la.

    Mais l'Amant de *Thétis* chauffant un autre

monde,

Laisse notre horison dans une nuit profonde;

Il n'est plus jour enfin, & le jour se survit;

Cent flambeaux radieux au milieu de la nuit

Dans les yeux de *Cloé* dérobant leur lumiere,

Rappellent le soleil au haut de sa carriere.

    O charmes de mes sens, où suis-je transporté?

Que je découvre, ô Dieux, de grace & de beauté!

Que le Sexe est charmant, quand la mêche brillante

B iv

Perce de ses rayons la glace transparente !

Jamais, jamais le jour n'eut un éclat si beau ;

Le bruïant tambourin raisonne de nouveau :

Que de Beautés en rond, plus fraîches que l'Au-

rore,

Brûlent de s'escrimer dans l'art de Terpsycore ?

Déjà *Babet*, la fleur du Sénat d'Arlequin,

Pour danser l'Allemande offre sa belle main.

Rose, la grimaciere, en lice se présente,

Range les falbalas de sa robe flotante ;

D'une coquette main releve ses atours,

Et frappe les replis de ses jupons trop courts.

Tandis qu'en préludant, la repoussante

Enone,

Fait bondir sous ses pieds la terre qui raisonne,

Cloé, d'un pas léger, courbe à peine les fleurs,

Et par mille entrechats subjugue tous les cœurs ;

Son pekin voltigeant, laisse voir… Ah ! friponne,

Ah ! cache les contours de ta jambe mignone.

Dieux ! ...... voyant tant d'attraits, je suis glacé
    d'effroi ,

Ma *Cloé* , fois moins belle, ou tu n'es plus à
    moi !

    D'adolefcens Marquis une troupe aguerrie ,

Evaporés par ton , gais par étourderie ,

D'un air de conquérans s'emparent du terrein :

Qui veut le menuet ? ... qui veut un tambourin ?

L'un crie , un pas de deux ; l'autre , une contre-
    danfe ;

Le haut-bois corne , on chante , & le bal recom-
    mence.

    O mes Légiflateurs dans l'amoureux plaifir !

Mortels égaux aux Dieux , vous qui favez jouir !

Vous défertez du parc , vous entraînez *Corine* :

Cupidon bat aux champs, Vénus fonne matine :

Pendant qu'à la lumiere on s'amufe à fauter ,

Du moment précieux vous favez profiter.

Arrêtez, mes amis, recevez mon hommage :

Je mérite une place en votre Aréopage.

Cloé, fuivons leurs pas; viens, viens; l'obfcurité

Eft le fentier ouvert à la félicité :

Entends bondir mon cœur, cher objet de ma

flâme ;

Dans ton ame, *Cloé*, viens recevoir mon ame;

Ah! laiffe-moi preffer tes lèvres de corail,

Porter mes doigts brûlans fur ta gorge d'émail:

Qu'attends-tu de brûler du feu qui me dévore,

De couvrir de baifers un Amant qui t'adore ?

Expirons de plaifirs fur ces tendres fophas;

Sur ces gazons fleuris, viens mourir dans mes

bras !

O ma divinité, ma charmante maîtreffe,

Entends de toutes parts ces foupirs de tendreffe,

Ces élans, quels élans! ces accords amoureux,

Ce langage fi doux de deux Amans heureux !

Quel fpectacle divin ! ... Hélas ! peres & meres,

Que fous vos yeux d'Argus vos filles font févères !

Mais ces Agnès du jour, fur les gazons charmans

Redreffent en amour leurs favantes mamans.

Eh ! qui vient par fes cris troubler cette retraite ?

Que me voudroit cet homme annonçant fa défaite ?

 Tel on vit le Forgeur du tonnerre des Cieux,

Pour publier fa honte, appeller tous les Dieux,

Quand, convrant de fes lacs le Maître de la

  guerre

Dans les bras de Vénus, ... il dit tout le myftère ;

Tel, brufquant fa moitié, ce malheureux époux

Faifoit le trifte aveu de fon jufte courroux.

 Cependant un Poëte, impliqué dans l'affaire,

Difoit : Vois tant de gens qui, nés dans la mifere,

Y gémiroient encor fans cet utile affront

Que leur femme bannale a calqué fur leur front :

Crois-moi, fuis mes conseils, agis avec pru-

dence ;

En pareil cas, ami, garde un profond silence ;

Foule aux pieds, s'il se peut, ce rien, ce deshon-

neur,

L'appanage commun du Peuple & du Seigneur :

Le Philosophe rit en pareille aventure ;

L'homme d'esprit se taît, & le sot en murmure.

Mais du bout du Salon à son extrémité,

Par le flux & reflux, je suis soudain porté.

Ici la scène change... Une vieille *Mégère*,

Friande à tout excès des plaisirs de Cythère,

Surprend son Amoureux donnant sur le gazon

Des leçons de physique à la grosse *Raton*.

Quels crayons assez chauds, quelle plume

hardie,

Vous peindroient ce que peut une femme en

furie ?

Déjà de la *Raton* les cheveux attachés,

Sont d'un doigt deſtructeur rudement arrachés ;

La Diſcorde en fureur, des volcans du Ténare

Accourt pour redoubler cet affreux tintamare.

Raton ripoſte alors , & d'un peſant foufflet

Ebranle la *Mégère* & lui ſaute au collet.

Quelle horrible mêlée ! ... on s'empogne, on

s'outrage ,

On rue , on s'égratigne , on ſe mord le viſage ;

Mais la *Megère* en feu , ſur l'humide gazon ,

D'un bras victorieüx , culbute la *Raton* ;

Le bruit de cette chûte imite le tonnerre.

Tel de ces monts glacés qui du ſein de la terre

Soutiennent de leur front l'édifice des Cieux ,

Lorſque les Aquilons foufflent les vents fougueux,

On voit précipiter l'inébranlable chêne ,

De ſa chûte & ſon poids faiſant mugir la plaine.

Cependant chacun court ſéparer nos héros ,

Lorsque *Dacier* (*f*) paroît, criant : Livres nou-

veaux.

L’on saisit sa boutique, arcénal littéraire,

Consistoire poudreux des rebuts du Libraire.

La *Mégère* s’en arme, & fait voler *Fréron*

Au visage écrasé de la borgne *Raton*.

Raton jure, blasphême, & lançant deux Mer-

cures,

Dans les flancs ennemis fait deux larges blessures.

Que de Contes moraux échappent au trépas !

Ah ! vous serez connus, grace à ces noirs com-

bats,

Enfans infortunés de maint Auteur tragique,

Ainsi que tant de Riens de l’Opera Comique :

N’oublions pas aussi les modernes Romans,

Les Funèbres Discours, éloges languissans,

Le *Tom-Jones* (*g*) l’aîné, l’allobroge *Ber-*

gere (*h*),

Enfin de tant de vers l'affemblage éphémère,

Qui louchement frappés fur de triftes fujets,

Loin de les diffiper, augmentent nos regrets.

Mais je finis, de peur que la rimeufe engeance

Ne taxe mon récit d'un peu de médifance.

Vingt tomes font jettés & rejettés foudain,

Quand *Raton*, au gros bras, à la nerveufe main ;

En ajuftant de l'œil fa terrible ennemie,

Alloit la foudroyer d'une Encyclopédie.

On crie à l'affaffin, on prévient ce malheur ;

Pendant qu'on les faifit, qu'on calme leur fu-
    reur,

Lapereaux de Mont-Rouge, à la cuiffe graf-
    fette ;

Délicate Cauchoife, à l'aile fi douillette ;

Méringues de Paris, mirabelles de Mets,

Pâtés de Périgueux & tourtes d'entre-mets,

T'attendent chez *Griel* (*i*) , *Cloé* , viens fous un
   hêtre ;
Viens avec ton Amant faire un repas champêtre ;
Viens lui verfer , *Cloé* , de tes gentilles mains
L'hypocrate de *Beaune* & le nectar de *Reims*.

CHANT QUATRIEME.

Ainsi que nos Héros pouſſés par *Lowen-*
dal , (*l*)

A la pucelle Bergue ayant donné le bal ,

Sur des débris fumans mangeoient poulet éti-
que ;

Faute de gobelets , buvoient à la barrique ;

De Mars & de l'Amonr enfans & compagnons ,

Attaquoient maints gigots , & croquoient maints
tendrons :

De même chez *Griel* , jouflus , bouffis de gloire ;

Nos champions du Bal venoient chanter victoire,

Careſſoient leurs Beautés , buvoient à leurs beaux
yeux ,

Et faiſoient ruiſſeler le Champagne mouſſeux.

Prenons place , *Cloé* , dans cette compagnie ;

C

Nous rirons sûrement de son étourderie.

Ah ! vous voici ? bon soir , comment vous

portez-vous ?

Le tour est , ma foi , bon de venir parmi nous :

Presto , serrez les rangs. On se pousse , on se

presse ,

On parle de chevaux, de chiens & de Maîtresse ;

On lit ses billets doux , il s'agit de combats ,

Et dans leurs longs récits on ne s'oublioit pas ;

Sur les deux Opera se lance la critique ;

L'on célébre en grands mots nos aigles de mu-

sique ,

Le brillant *Philidor* , le tendre *Moncini* ,

L'amphion *Pergolese* , & le touchant *Duni*.

Ah ! combien de bons mots le Beaune fait

éclore !

Ah ! combien de pâtés que soudain l'on dévore !

Car on voyoit regner parmi tous ces Acteurs

Et faim de Commiffaire , & foif de Procureurs ;

Jambons , dindes , flacons fe montrent , cef-

fent d'être ;

Tout alloit affez bien dans ce repas champêtre ;

Lorfque , mal-à-propos , *Damis* , au teint citron ,

Pour fait de maladie , ennemi de *Zonzon* ,

Afin de l'en punir , lui lut une épigramme :

Mais *Zonzon* pigrièche & méchante dans l'ame ,

Blafphême en allemand , jure en français & dit :

C'eft de l'impure *Alix* qu'eft venu cet écrit.

   Alix , de fe lever , de dire à fa rivale :

» Des Cloîtres de Vénus , exécrable veftale ;

» Fille du genre-humain , & fa veuve aujour-

d'hui ,

» De quel droit ofes-tu m'apoftropher ici ?

   Guimpes alloient voler... Que la jeuneffe eft

folle !

Vingt Plumets d'époufer la querelle frivole ,

C ij

Moi d'en gémir tout bas & me reconforter

Avec tourte & bon vin qu'on venoit d'apporter.

Des campagnes de l'air Minerve fend la
voûte ,

Et du Temple de Gloire offre à nos yeux la route :

Sur les champs du combat s'élancent nos Héros ,

Ayant très-longue épée , & très-petits chapeaux ;

Chacun , flamberge au vent , s'écrie : à la vengeance :

Pour *Alix* & *Zonzon* l'on veut rompre une lance ;

Car pour être adoré de sa Maîtresse... hélas !

Il faut dix fois pour elle affronter le trépas ;

C'est en France aujourd'hui la mode favorite.

Mais qui des Spadassins met l'escadron en fuite?

Je n'entends qu'un seul mot , c'est de par Nos-
seigneurs (*l*) ,

Et nos braves s'en vont tel que des déserteurs :

Chacun vient se placer près de sa douce amie.

Cependant deux Guerriers de la Connétablie,

Dévorant aloyaux , sablant force vin frais ,

Apportent parmi nous la concorde & la paix.

Déjà la lourde *Orphée* , à l'épaisse quarrur e

Fait emplette d'amans de robuste figure ;

Des galants , par son or , remplissant les desirs ,

Orphée , aux yeux de tous , marchande les plai-

firs.

Quel spectacle ! ô grands Dieux ! *Nimphis* la

complaisante ,

Cerbère du Serrail d'un mignon des soixante ,

Débauche indignement une timide Agnès ,

Des mains de l'innocence arrachée à grand frais.

Le calme le plus pur succede à la tempête ,

Et la tranquillité renaît dans cette fête :

Mais que peut la fureur sur des esprits bouil-

lans ?

Alix & la *Zonzon* sanglottoient par élans.

Tels que les vents fougueux dans le fein de la

terre

Mugiſſoient par fecouſſe, imitant le tonnerre,

Après que par les coups d'horribles tremblemens,

On vit anéantir les Palais Muſulmans:

Qu'on tire de ces faits une belle morale!

La converſation redevient générale;

L'on aſſigne des rangs aux Auteurs les plus beaux;

Damis tient pour les vieux; *Sacris,* pour les nou-

veaux.

Sacris Ergotiſeur, l'aigle des Séminaires,

'Avoit pour ſon rival la fleur des Mouſquetaires.

» Connois-tu, dit *Damis, Cinna, Britanicus,*

» Le *Miſantrope, Electre, Eſther, Sertorius,*

» Et *Renard,* du Joueur peignant les ridicules?

» Parbleu, repart *Sacris,* ah! les plaiſans ému-

les!

» Pour nos Auteurs du jour quelle comparaiſon!

» Quoi ? tu n'a donc pas vû *Sancho*, *Thimo-*
        leon (*m*),

Jean-Jacque à quatre pieds (*n*) , *Aline Gol-*
        gondaise (*o*),

» Le Drame *d'Arlequin* (*p*), *Guftave* (*q*), *l'E-*
        coffaife (*r*);

» Ce font-là des brevets pour l'immortalité ,

» Et non point ces fatras de votre antiquité.

    Un chacun à *Sacris* vient rendre un jufte hom-
        mage ;

Et, pour mieux l'applaudir, on chante, on fait
        tapage.

    Envain le pâle *Aflic*, Châtelain Auvergnac ,

Veut expofer au jour fon nouvel Almanac ,

Pour la jeune Noblefle ouvrage très-utile ,

Des plus fiers ufuriers fixant le domicile :

    En vain un Fils de Mars , jeune homme plein
        d'efprit ,

C iv

Sur l'art des campemens veut lire un manufcrit.

C'eft en vain que *Lourdis*, Officier Elvétique,

Voulut parler d'Hiftoire & de Métaphyfique;

Comme l'on rit au nez de ces fades pédans !

Ah! que c'étoit bien fait!.. Parmi tant de Savans,

Il appartenoit bien à ces trois imbéciles

De vouloir difcourir de fciences futiles.

L'on relegue auffitôt le Suiffe en fes Cantons,

Et le foldat Gaulois aux Petites-Maifons.

Ami Lecteur, vois-tu cette Madame *Orphille*

Redreffant au piquet la Province & la Ville;

Cette Beauté, tout fard, experte en tous les jeux,

Qui fait de fa maifon un breland d'amoureux ?

Ah! vois-tu dans ce coin cet homme à froide

mine

S'emparer hardiment de la maigre *Lufine*.

Chacun s'en réjouit, & chacun s'écria :

Vivat, vivat, ici la noce fe fera.

Sacris offre aux époux la corne d'abondance;
Et d'un doigt parfumé, bénit leur alliance;
Pour la *Lusine* veuve, au moins cent bonnes fois
De Magdeleine il chante un verset à mi-voix.

Tandis qu'en faux-bourdon deux cent voix dis-
    cordantes
Célebrent les héros vaincus par leurs amantes.

   On fête les époux, on boit à leurs santés,
Et les verres soudain sont brusquement jettés;
Nos chantres font voler caraffes, plats & tables;
Pour briser & détruire, ah! c'étoient des vrais
    diables.

L'on eût dit que le Dieu du céleste manoir
Leur avoit dispensé son foudroyant pouvoir:
Tout vole avec éclat, tout retombe en poussiere
Dans les bras chancelans de la Cabaretiere:
Les parquets sont jonchés de fragmens, de débris,
Restes infortunés des meubles du logis.

Sur ce, chacun s'enfuit, qui gagnant son remise,

Qui son cabriolet, qui sa berline grise :

Quant à moi, de *Cloé*, je prends le vis-à-vis.

Pendant que vingt Amours vont marquer les

logis,

Qu'ils pressent mollement les oreillers de rose

Et le duvet pompeux où ma *Cloé* repose,

Qu'ils grimpent sur Zéphir, qu'ils trotent leste-

ment.

Que faisois-tu, me dit mon Lecteur pétillant?

Belles réflexions ! Je presse, je soupire,

Et sans perdre de tems à compter mon martyre,

L'Amour verse en mon cœur le torrent de ses feux.

Cloé, tu me souris.... moment délicieux !

O Dieux, que des ressorts la liante souplesse

Dans l'amoureux ébat met de délicatesse !

Mais dé,à par trois fois la douce volupté

Me couronne du prix de la félicité :

Où suis-je? douce extase! ô charme du délire!

Embrâsé sur ton sein, je me pâme, ... j'expire!

Cloé, je ne suis plus... cruel retour, hélas!

Eh! pourquoi revenir d'un aussi doux trépas!

O rapide plaisir! avec quelle vîtesse,

S'échappent de nos yeux les instans d'allégresse!

Sur les aîles du vent nous sommes emportés.

Nos coursiers écumant déjà sont arrêtés;

Un esclave en plumet fait briller la lumiere,

Offre son bras crasseux, & grimpe à la portiere.

Descends, viens ma *Cloé*... dans le sein du repos,

Viens te livrer encore à des plaisirs nouveaux!

Pendant qu'à son manoir je monte en diligence,

Je concluois tout bas, d'après l'expérience,

Qu'il n'est point de cruelle au retour de Saint-
Cloud;

Qu'il n'est point de Beautés dont on n'y vienne
à bout.

Fin du Poëme.

NOTES.

(*a*) **L**A Ville de Vire, plus renommée encore qu'aucune Ville de la Normandie, par l'heureux naturel, l'efprit de concorde de fes Citadins, & fur-tout par leur peu de goût pour les rubriques de la Chicane.

(*b*) On nomme Cadogans tous Courfiers Anglois à la queue écourtée : ce nom leur vient du Général Cadogan, qui introduifit dans l'Efcadron l'ufage des Chevaux à queue coupée de très-près.

(*c*) Je n'entreprendrai point de faire l'éloge du menuet de l'harmonieux Exaudet ; le monde entier a pris ce foin avant moi.

(*d*) Le célebre Dupré, furnommé le beau Danfeur de l'Opera, paffe pour celui de l'Europe qui a le mieux réuffi dans fa danfe caractériftique à peindre les paffions qui exigent des graces & de la majefté.

(*e*) Le fieur la Variniere donne à Saint-Cloud des Bouquets d'artifice. . . . L'on ne fçauroit lui refufer certaines connoiffances de fon métier.

(*f*) Dacier, Aide-de-Camp des Colporteurs fubalternes de la Librairie.... C'eſt à ce pauvre Diable que beaucoup d'Auteurs, en tout genre, & ſur-tout en Romans nouveaux, doivent la vente de quelques-unes de leurs Brochures.... Pour ſe débarraſſer de l'importun Dacier, & plus encore par conſidération pour le nom qu'il porte, on lui prend charitablement quelques Exemplaires.

(*g*) Les Paroles de Tom-joues, telles qu'elles parurent à la premiere repréſentation, ne méri-terent point les ſuffrages du Public : elles ſont cependant de l'Auteur du Cercle & de Sancho ; mais ce n'eſt pas par ce dernier drame que l'on fera l'éloge des talens de M. Poinſſinet.

(*h*) Le délicieux Conte Moral que M. Mar-montel, Membre de l'Académie Françaiſe, nous a apporté des frontieres d'Italie, eſt venu échouer ſur les trétaux de l'Opera Comique. La Cour & la Ville n'ont pas eu, pour le Poëme Lyrique d'Adélaïde, les yeux d'attendriſſement & d'admiration qu'ils avoient eus pour les ré-cits en proſe de cette illuſtre Infortunée.

(*i*) C'eſt à Griel, Portier du Parc, que l'on doit le joli Salon de verdure de Saint Cloud &

l'invention des Bals Champêtres ; . . . c'eſt chez ce Cantinier de Bachus que l'on trouve , au poids de l'or, du ſoi-diſant Bourgogne , qui , de même que la Philoſophie, fait lever la nuit pour boire de l'eau.

(*k*) La ville de Berg-op-zoom , Chef-d'œuvre de fortification du Baron de Coëhorne, le Vauban des Provinces-Unies , devint, (ainſi que chacun le ſçait) la brillante Conquête de l'illuſtre Maréchal de Lowendal , l'Hercule décédé des Français.

(*l*) Nos Seigneurs les Maréchaux de France donnent des Gardes de la Connétablie à ceux qui ne font point honneur à leurs Billets & à leurs paroles. . . . Ces mêmes Gardes doivent auſſi empêcher les voies de fait , circonſtance dans laquelle ils ſont d'une très-grande utilité.

(*m*) La Tragédie de Thimoléon tomba d'apopléxie à ſa premiere repréſentation. . . M. Laharpe lui ayant fait un grand nombre de ſaignées très-utiles , Thimoléon s'inſtala de nouveau ſur la ſcène : mais il mourut tout de bon cette ſeconde fois.

(*n*) M. Paliſſot, dans la prétendue Comédie des Philoſophes , fait ramper Jean-Jacques

Rousseau dans la claffe des Quadrupedes. . . . .
Je ne reviens point de mon étonnement quand
je lis dans les faftes du Théâtre François que ce
Drame fut couronné du plus grand fuccès . . . .
Eft il poffible que dans ce fiecle, où l'on fe croit
fi fort éclairé, l'on aye pû voir baffement per-
fifler des perfonnes de mérite, de génie, & du
plus grand efprit ?

(*o*) Le Poëme Lyrique d'Aline, Reine de
Golconde, eft de l'Auteur de la belle Traduction
du Roi & du Meûnier, de celle du Diable à
quatre & de la Comédie mal intitulée ; le Phi-
lofophe fans le fçavoir : je n'entreprendrai point
de difcuter fi les vieux Protecteurs de l'immor-
tel Quinaut ont raifon de foudroyer les paroles
de l'Opera d'Aline.

(*p*) Le facétieux Carlin, à l'inftar de Gol-
doni, le Moliere des Ultramontins, compofa
avec des dépenfes énormes la Comédie des Mé-
tamorphofes amoureufes d'Arlequin. . . Cette
importante piece fe foutint quelques jours par
fes fçavantes décorations; Ouvrage d'efprit, dans
lequel la Troupe des Acteurs Italiens réuffit à
merveille.

48

(*q*) La nouvelle Tragédie de Guſtave, étant du même pere que Thimoléon, eut le même ſort que ſon frere aîné. . . .

(*r*) La Satyre intitulée, l'Ecoſſaiſe óu le Caffé, plut infiniment par la chaleur de ſon ſtyle & par la multiplicité de ſes Epigrammes les plus ſanglantes. . . Que ne nous eſt-il permis d'inviter le Patriarche de la Littérature, Auteur de ce Drame, à relire & à profiter de la morale ingénieuſe que renferme l'apologue du Lion & du Rat ?

F I N.

— 4 —

En rappelant cet aveu (qui n'était pas nécessaire en Algérie)
nous ne pèserons pas les avantages ou les inconvénients qui ont
pu ou qui peuvent résulter de cette délégation de pouvoirs ;
mais, ce que nous devons constater, c'est le revirement d'opi-
nion qui s'est manifesté, il y a trois ans, touchant l'opportunité
de constituer la propriété individuelle en Algérie.

Si nous ne nous abusons, depuis cette époque, les agents chargés de l'exécution du Sénatus-consulte se sont moins attachés
à satisfaire aux prescriptions de cet acte législatif, qu'à obéir à
une pensée de S. M. l'Empereur, dont l'expression se retrouve
dans la *lettre sur la politique de la France en Algérie*. En voici
les termes :

INDIGÈNES. — MESURES PROPOSÉES.

« 4° Respecter l'organisation des tribus et ne procéder à la
» création de la propriété individuelle *que par exception*, là où
» elle est réclamée par les intéressés (1). »

Faisons un rapprochement :

Dans l'exposé des motifs du Sénatus-consulte de 1863, nous
trouvons deux déclarations qui sont opposées à ces idées :

« Le gouvernement ne perdra pas de vue que la tendance de
» sa politique doit, en général, être l'amoindrissement de l'in-
» fluence des chefs *et la désagrégation de la tribu.* »

« Le partage définitif du sol *entre les membres des douars,*
» *constituera la propriété individuelle, qui est le but final et*
» INDISPENSABLE *de la mesure* (création des douars). »

Ainsi, à deux années d'intervalle, les vues du gouvernement
impérial ne sont plus en harmonie avec l'esprit et le but du Sénatus-consulte, et on peut reconnaître aussi qu'une nouvelle
pensée inspire l'administration algérienne. Ce qui le prouve,
c'est la circulaire de M. le maréchal de Mac-Mahon, en date du
1er mars 1866, contenant des *instructions nouvelles* pour l'exécution du Sénatus-consulte. Voici, en effet, ce qu'on lit dans le
préambule :

« Ce n'est que dans les tribus ou fractions de tribus chez lesquelles la terre est *arch*, que le Sénatus-consulte doit recevoir
toute son application, telle que la définit l'article 2 de cette loi.

» Dans les tribus *melk*, les opérations *se borneront simple-
ment à la délimitation de la tribu et à la répartition de son
territoire entre les douars.*

(1) Ceci est copié sur la 1re édition. Les mêmes idées sont développées dans la 2e édition, page 30.

» *La pensée de l'Empereur bien comprise* et le but du Sénatus-consulte bien établi, voici les dispositions auxquelles on se conformera. »

Il est à remarquer que parmi ces dispositions, il n'en est aucune qui trace des règles pour la constitution de la propriété individuelle. Ce que l'on a surtout en vue de régler, c'est la délimitation des tribus et la création des douars. Ce n'est pas que l'auteur de cet acte, dont les dispositions sont d'ailleurs très-bien étudiées, ait oublié de parler de la constitution de la propriété individuelle ; seulement, on reconnaît qu'elle n'est pas dans ses préoccupations du moment. Ainsi, pour les territoires *arch*, la circulaire rappelle qu'il appartient à l'Empereur de déterminer le moment où il sera opportun de répartir les terres entre les membres des douars constitués ; quant aux territoires *melk*, les transactions y étant libres, une fois le douar délimité et créé, la situation ne sera pas changée. « Plus tard, dit la circulaire, le cadastre viendra mettre la dernière main à un état de choses dont nous n'avons pas, pour le moment du moins, à nous occuper. »

Voilà, en résumé, tout ce que la circulaire contient relativement à la constitution de la propriété privée. N'est-on pas autorisé à dire, d'après cela, que l'auteur de cet acte s'est inspiré des vues et des pensées développées dans la lettre du 20 juin 1865, pour les mettre en pratique dans l'exécution du Sénatus-consulte ? Et s'il en a été ainsi, n'était-ce pas oublier que cette lettre, simple document historique, n'oblige, au point de vue constitutionnel, à aucune soumission et qu'elle n'a pu abroger les prescriptions du Sénatus-consulte ?

Voyons maintenant l'application qui a faite été des idées nouvelles.

III.

ERREMENTS SUIVIS DANS L'EXÉCUTION DU SÉNATUS-CONSULTE.

§ 1er. — COUP-D'OEIL SUR LES OPÉRATIONS ACCOMPLIES.

Ici encore, il faut chercher dans les documents officiels les éléments de la réalité, car elle n'y apparaît pas souvent avec une grande évidence.

Le plus important de ces documents touchant la question qui nous occupe, est le rapport de M. le Gouverneur général de l'Algérie en date du 23 avril 1868 ; il constate :

1° Que dans les cinq années écoulées, depuis la mise à exécution du Sénatus-consulte, il n'a été procédé qu'à deux des opérations prescrites par cet acte législatif, savoir : la *délimitation* des territoires de 153 tribus et la *répartition* de ces territoires entre les douars créés ;

2° Que ces opérations ont porté sur 102 tribus où la terre est *melk*, c'est-à-dire possédée par des particuliers ou des chefs de famille arabes, et sur 51 tribus où la terre est *arch*, c'est-à-dire possédée collectivement par les membres de la tribu ;

3° Qu'enfin, ces opérations n'ont abouti qu'à la création de 286 douars (soit 57 par année) qui occupent une superficie de 2,256,960 hectares.

C'est là tout ce qui a été fait pour la délimitation des tribus et la création des douars dans les trois provinces d'Alger, jusqu'au 1er janvier 1868, et cela sans distinction de la part qui revient à l'administration du maréchal Pelissier et de celle qui appartient à son successeur.

§ 2. — FORMATION DES DOUARS.

Veut-on savoir en quoi consiste ce premier travail de délimitation et de répartition des territoires de tribus ?

C'est une opération sommaire et purement graphique, accomplie sur le terrain et sur le papier. Un officier du bureau arabe, président d'une sous-commission, monte à cheval en compagnie d'un géomètre, de quatre soldats (copistes, porte-chaîne, borneurs) et au besoin d'un interprète pour conférer avec les délégués officiels de la tribu et des douars.

On fait à petites journées le tour de la tribu dont on décrit les limites de point en point ; on reconnaît et on classe les biens qui composent son territoire, puis on fixe la superficie de chacun *des groupes* reconnus et enfin on répartit le territoire de cette tribu entre les douars ou fractions qui la composent. Deux décrets impériaux approuvent ce qui a été fait, et le douar ainsi créé devient un être moral, un germe de commune arabe, avec sa djemâa ou conseil indigène.

S'agit-il d'un douar à créer en tribu *melk* ? Voici la relation officielle de sa formation :

« Un groupe melk étant donné, la sous-commission se borne à en reconnaître le périmètre ; mais elle ne pénètre jamais dans l'intérieur du groupe ; c'est dire, en un mot, qu'elle n'a d'autre mission que celle de reconnaître et classer les divers groupes qui constituent le douar, suivant leur nature melk, communale ou domaniale. » (Lettre du président de la sous-commission des Issers Drœ, 24 avril 1866, conforme à la circulaire du 1er mars 1866).

S'agit-il d'un douar à créer en territoire *arch* ? l'opération est moins complexe, car la tribu ne comprend, le plus souvent, qu'une même nature de biens, c'est-à-dire, une superficie *possédée collectivement* par les membres de cette tribu.

Mais, qu'il s'agisse d'une terre melk ou d'une terre arch, la constitution du douar, *telle qu'elle a été faite*, suivant le rapport de M. le Maréchal de Mac-Mahon, a toujours pour résultat de laisser le territoire du douar *créé à l'état indivis* entre les familles qui y sont établies. C'est toujours la propriété ou *indivise* ou *collective* qui persiste avec tous ses désavantages.

La constitution de la propriété *individuelle*, la seule utile, est donc étrangère aux deux opérations qui amènent la création d'un douar, et c'est à ces deux opérations que le travail accompli depuis cinq ans s'est borné.

§ 3. — LES OPÉRATIONS ACCOMPLIES SATISFONT-ELLES AU VŒU
DE LA LOI ?

Plusieurs griefs ont été relevés contre l'administration algérienne au sujet de la marche actuellement suivie pour l'exécution du Sénatus-consulte. Passons-les en revue.

Le premier s'attaque à l'ajournement indéfini de la constitution de la propriété individuelle en territoire *arch*, ajournement fondé sur ce que *le morcellement détruirait la famille arabe et priverait l'indigène des vastes espaces dont il a besoin pour son bétail* (rapport du 23 avril 1868) ; le deuxième s'élève contre le parti pris (réfléchi et basé sur une interprétation du Sénatus-consulte) de ne procéder actuellement dans les tribus *melk* qu'aux seules opérations de délimitation et de création des nouveaux douars.

« Il faut, dit le Gouverneur général, conserver l'organisation actuelle de la famille arabe ; maintenir aux indigènes les vastes espaces nécessaires à leur bétail. » Mais, il y a longtemps qu'on ne discute plus ces considérations en Algérie ! Tout au plus, peuvent-elles encore figurer dans un discours stéréotypé comme ceux que les commissaires du gouvernement produisent devant les chambres. Mais, s'en appuyer pour justifier un temps d'arrêt après la constitution des douars en territoire arch, c'est se montrer trop partisan du *statu quo*.

On doit le reconnaître, le Gouvernement général paraît plus fondé, *en droit*, quand il considère le Sénatus-consulte comme entièrement exécuté dans les territoires melk, après les opérations qui amènent la délimitation et la formation des douars. Les transactions y étant libres et la terre possédée a titre privé, on peut dire, jusqu'à un certain point, que la propriété individuelle est constituée dans ces territoires, et que, dès lors, il n'y a pas lieu de procéder à la troisième opération prévue par le Sénatus-consulte. C'est là une interprétation très plausible du texte de cet acte public.

Mais, quiconque veut y réfléchir, reconnaîtra facilement l'identité des résultats obtenus en territoire arch et en territoire melk, si on se borne aux deux seules opérations que nous avons indiquées :

En effet, pour le territoire arch, la délimitation et la constitution des douars ne changent pas la condition antérieure de la possession du sol. C'est toujours *la propriété collective*, reposant nominalement sur la tête du chef de famille, bien qu'en fait tous les membres qui la composent y aient des droits, mais *sans détermination de leurs parts*. Après comme avant la création du douar la terre y demeure inaliénable jusqu'au moment où il sera procédé à un allotissement général et à la délivrance des titres individuels.

Pour le territoire melk, bien qu'en droit les transactions y soient libres et que la terre y soit possédée à titre privé, il est certain, en fait, que la délimitation des territoires de la tribu et la création des douars n'améliorent pas la situation de la propriété et ne lui donnent pas d'avantages sur celle des douars arch. Voyons les faits :

La terre melk est possédée tantôt privativement par une personne (c'est le cas le plus rare), tantôt indivisément par plusieurs personnes *avec détermination de leurs parts* ou possibilité de les déterminer mathématiquement : c'est l'état plus général. Mais, cette situation est tellement pleine de difficultés et de risques à courir, qu'on peut considérer les terres des douars melk sinon comme inaliénables, (1) du moins comme inachetables. Or, ce que le Sénatus-consulte a voulu, ce n'est pas que la propriété soit reconnue aliénable légalement ou d'une manière idéale, mais plutôt que l'aliénation soit possible en fait : c'est ce qui n'existe pas aujourd'hui. En voici les raisons principales. C'est d'abord parce que les acquisitions de propriétés faites par

(1) « Si sur le sol melk, les droits de propriété étaient établis par des titres offrant des garanties nécessaires pour la validité des transactions, rien ne s'opposerait à leur transmissibilité. Mais, en général, ces titres n'existent pas, ou s'ils existent, *ils sont tellement obscurs qu'ils ne peuvent inspirer aucune confiance.* » Rapport de M. de Martimprey, sous-gouverneur, au maréchal Pélissier, 20 mai 1861.

les Européens sur les Indigènes donnent lieu à plus de procès que celles qui se réalisent entre Européens : cela est si vrai, que les notaires ne passent plus aucun contrats d'acquisition en territoire melk en dehors des zones où la constitution de la propriété individuelle est faite. C'est, ensuite, parce qu'on n'ignore pas que l'art. 37 de l'ordonnance de 1842 est toujours debout et qu'il donne aux tribunaux algériens la faculté d'appliquer la loi indigène ou la loi française aux contestations qui peuvent s'élever entre Européens et Indigènes, relativement aux questions de propriété ; c'est qu'enfin, on sait toutes les difficultés administratives que rencontrent les colons qui s'aventurent à faire des acquisitions de propriétés melk situées en territoire militaire.

Terminons sur ce point par un dernier rapprochement entre les propriétés melk et les propriétés arch.

Il est certain que dans l'un et l'autre territoire, *la terre est dans la famille* ; mais qu'est-ce qu'une famille qui n'a point d'actes de l'état civil, que l'on compose et recompose à volonté avec des certificats de notoriété dressés par les cadis et dont les membres ont des droits tellement indéterminés ou fractionnés, qu'il est presque impossible d'en faire l'application au sol ?

Dans une pareille situation, on peut donc dire qu'en se bornant à la délimitation et à la création des douars en territoire arch et melk, le gouvernement fait une besogne coûteuse qui ne change pas la condition de la propriété indigène, et qui, par cela seul qu'elle ne réalise pas la constitution de la propriété individuelle, ne satisfait point aux prescriptions du Sénatus-consulte.

§ 4. — PRATIQUES ADMINISTRATIVES. — PUBLICATION DES OPÉRATIONS. — ABROGATION DU RÈGLEMENT D'ADMINISTRATION PUBLIQUE. — REVENDICATION. — REFUS DE L'ADMINISTRATION.

Voici un point où les pratiques de l'administration violent ouvertement les dispositions du Sénatus-consulte. On sait qu'aux termes du règlement d'administration publique du 22 mai 1863, des décrets impériaux désignent les tribus dans lesquelles il doit être procédé aux opérations de délimitation et de répartition prescrites par la loi ; que ces décrets doivent être insérés au *Bulletin officiel des actes du gouvernement* et au *Mobacher*, puis publiés dans les tribus intéressées, et que, *dans les deux mois de la date des procès-verbaux constatant cette publication*, les propriétaires de biens melk et le service des domaines sont obligés, *à peine de d'chéance*, de former leurs demandes en revendication des terrains auxquels ils peuvent avoir droit dans les territoires à délimiter.

Or, voici l'innovation apportée à ces dispositions par M. le Maréchal de Mac-Mahon. La circulaire du 1er mars 1866 déclare que la publication des décrets indiquant les territoires soumis aux opérations du Sénatus-consulte *ne devra être considérée que comme un simple avertissement pour les intéressés* ; que lorsque la délimitation sera terminée, *une nouvelle publication sera faite*, avec ordre de recevoir les revendications et que c'est seulement à partir des procès-verbaux constatant cette deuxième publication, que courra, pour les intéressés, la mise en demeure de prendre toutes les mesures conservatoires de leurs droits.

La circulaire abroge ainsi, partiellement et sans droit, un acte législatif émanant d'une autorité supérieure et jette le trouble, dans les démarches nécessitées par les opérations du Sénatus-consulte.

Au nombre des modifications qu'elle introduit, il faut remarquer que la deuxième publication (qui doit produire des conséquences très grave pour les intéressés), n'est obligatoire que dans le *Mobacher*, tandis que le règlement d'administration publique exige, en outre, l'insertion au *Bulletin officiel*. C'est là, diminuer toutes les garanties de publicité qui sont dues aux intéressés et les exposer à perdre leurs droits de propriété, parce qu'ils ne sont pas abonnés au *Mobacher*. Nous savons bien que l'administration, sans y être obligée, publie le deuxième avertissement dans le *Moniteur de l'Algérie* ; mais cette publication est quelquefois perdue dans la partie non officielle (3 novembre 1865) et presque toujours. elle arrive plus d'une année après la publication des décrets désignant les territoires à délimiter. Il s'ensuit que la mise en demeure *qui devrait résulter de la publication de ces décrets, seulement*, peut passer inaperçue des européens qui ont acquis des terres melk et qui ne résident pas dans les territoires à délimiter.

Outre ce défaut de publicité, les prescriptions de la circulaire ont encore des conséquences fâcheuses. Par l'effet d'une publication unique, le législateur mettait les intéressés en demeure de faire leurs diligences ; leurs adversaires étaient appelés à former opposition contre leurs revendications et les tribunaux étaient saisis du litige. On arrivait ainsi à faire vider toutes les difficultés pendant que les sous-commissions procédaient à la délimitation des tribus. L'innovation qui fait courir le droit de revendication au moment où la délimitation est finie et quand on commence à répartir le territoire de la tribu entre les douars, retarde la solution des difficultés qui importent beaucoup à la conduite et à la bonne marche des opérations.

Pour terminer cet examen des pratiques administratives dans l'exécution du Sénatus consulte, citons un dernier fait qui a son importance.

Lorsqu'une revendication de propriété a été formée et ensuite contestée dans les délais de droit, l'article 11 du règlement d'administration publique veut, *à peine de nullité*, que le revendiquant introduise en justice sa demande en nullité de l'opposition formée contre ses prétentions, et cela, dans le mois qui suit la communication qui lui a été faite de cette opposition. Or, cette communication qui doit être faite par les commissions administratives, les intéressés européens ne l'obtiennent pas facilement et même pas du tout, quand leur revendication porte sur des terres melk acquises par eux dans des territoires où les vues et les combinaisons de l'autorité peuvent être dérangées par l'intrusion d'européens (1).

(1) Exemple : Le 3 novembre 1865. l'autorité militaire annonce qu'il va être procédé dans le territoire de la tribu des Issers Drœ, aux deux premières opérations prescrites par le Sénatus-consulte. Le 18 décembre 1865, une revendication est formée par des Européens sur deux haouchs (fermes), situés dans le douar des Beni Athman, fraction de ladite tribu, et il est donné acte de cette revendication le 25 décembre 1865. Après les délais de la loi, les revendiquants demandent à la Commission administrative si leur revendication a été contestée, et sur la réponse affirmative, portant que « les immeubles dont s'agit ont été revendiqués par des Indigènes dans la première quinzaine du mois de novembre, » ils demandent de nouveau que la Commission leur fasse connaître leurs adversaires, afin de soumettre leurs contestations aux tribunaux, ainsi qu'il est prescrit par le règlement d'administration publique.

Le général, président de la Commission. répond le 3 juillet 1866, « qu'il ne lui appartient pas de communiquer, à qui que ce soit, un extrait quelconque des travaux préparatoires effectués par la Sous-commission administrative dans la tribu Issers Drœ, et qu'en conséquence, il ne peut répondre d'une manière favorable à la demande formulée le 29 juin ; ». que le réclamant « est libre de s'adresser au général commandant la province ; » mais le général commandant la subdivision de Dellys, croit devoir faire observer que la 2e opération du Sénatus-consulte n'a pas encore été mise à exécution, et qu'en conséquence, le contenu des groupes melk n'a été l'objet d'aucune étude.

A ce déni de justice, il aurait dû suffire d'opposer l'art. 11 du règlement d'administration publique et l'instruction générale approuvée par l'Empereur, en date du 11 juin 1863. Mais la loi n'est rien pour ceux qui placent au-dessus d'elle *la pensée impériale*. Que de choses se sont faites ici et se font encore sous le couvert de ce mot : c'est dans la pensée impériale !

monde un peuple nouveau, de le constituer en société à l'image
de la France, figure dans leur programme comme un droit
personnel. Mais comme il n'y a point de droits sans devoirs
corrélatifs, l'histoire qu'ils ont prise à témoin de leurs prouesses
saura bien leur en demander compte.

A. POIVRE.

Alger. — Imprimerie F. PAYSANT.